AÑORANZAS OTOÑALES

ExLibric

FRANCISCO GONZÁLEZ CORPORÁN

AÑORANZAS OTOÑALES

EXLIBRIC

ANTEQUERA 2020

FRANCISCO GONZÁLEZ CORPORÁN

AÑORANZAS OTOÑALES

Índice

PRÓLOGO

Estas letras que aquí presento tienen la intención poética de dar a conocer los más excelsos sentimientos sobre los temas desarrollados. En los mismos, el autor mueve la satisfacción que desde su interior ha despertado en todos aquellos que, con acciones cognitivas, importantizan la sapiencia y la encaminan a los grandes logros que hoy pueden exhibir.

Con las huellas que clavaron sus enseñanzas, deja entrever en sus versos el desmesurado respeto y la admiración por la naturaleza que brota de su ser y la entereza con la cual puede expresar la algarabía provocada desde el interior, que manifiesta para deleite de todos los protagonistas de este éxito y para los inspirados lectores en los que deposita estas letras rítmicas, sonoras y palpitantes, organizadas en humildes estrofas del arte literario.

Sus obras están cargadas de sentimientos y muestran, en una cantera de figuras interminables, la belleza sorprendente de sus letras. En tal sentido, en su poema «Historias» expresa:

Y si la suerte volviera
a ponerte en mi camino
le lloraría al destino
para que nunca te fueras.
Y pelearía como fiera
si perdiera yo tus besos…

Su lenguaje metafórico y adjetivado evidencia un estilo literario bien definido y puro, como muestra en «Aquella noche»:

Sus verdes ojos claros brillaban,
su roja boca prendida en llamas,
su cuerpo ardiente el mío quemaba,
su lacio pelo, laso que ataba…

O en su poema «Alegre melancolía»:

Y danzan los ríos en la inconfundible cadencia de la triste
naturaleza.

Es así como, al seguir caminando entre sus páginas y escudriñando sus letras, encontrarás la satisfacción de leer a un autor para todos los tiempos, con temáticas diversas e interesantes, cuya formación en el área de la lengua le permite jugar con las palabras de forma bella y delicada, creando un gusto armonioso y versificado. Centro la atención en la comparación de la belleza del amor con la naturaleza, conjugando una armonía melódica en busca de llevar al lector al deleite espiritual para descubrir la majestuosidad de todo cuanto nos rodea.

En este compendio de poemas Francisco González Corporán deja estrofas de tipologías desemejantes con alto valor didáctico, así como la combinación de versos largos y cortos con rima asonante a veces, otras veces consonante y libre, para que la saboreen al momento de ojearla. ¡Destello poético para los amantes de las letras!

Mtra. Paula Matos

Los años

Pasan por mí dejando sus huellas,
mi pelo tiñen de blanco hueso,
a su pasar dejan cosas bellas,
por ellos doy valor a los besos.

Maestros son de dura enseñanza,
a veces dan tareas divertidas.
Como a la tierra, me dan labranza.
Su gran escuela es la de la vida.

Vadean y no solo por encima,
gastan el cuerpo, arrugan la piel.
Caminos largos llenos de espinas,
tragos sabrosos, sabor a miel.

Con precisión llegan a su tiempo,
son tan puntuales como el reloj,
nada los frena, marea ni viento,
mas pasarán queramos o no.

Aun si en la imagen los ocultamos,
en lo de adentro jamás podremos.
No somos más, somos qué pensamos
y el resultado es cómo actuemos.

Los años pasan por nuestras vidas,
nos dan prisión, tiempo y libertad.
Los años traen éxitos, traen ruinas.
Los años dicen: «¡Qué pasará!».

A mi maestra

Todo lo entrega en su labor
y con amor regala enseñanza
y está despierta con más fervor
y somos tierra que el fruto alza.

Maestra divina, ¡lo hemos logrado!
Maestra, bujía y motor de arranque.
Su compromiso, pacto sagrado;
sus energías rebosan los antes.

Sin su presencia no sería igual,
su variable mi ecuación ha cambiado
y tanto ama la santa grial,
suma el cariño, resta el pecado.

Y su entereza y dedicación
son más que verbos, más que adjetivos,
más que la ciencia, más que oración.
Es geografía de corazón vivo.

No hay descripción para tanto afán,
nada argumenta la vida vuestra.
Su voz, trompeta; del *jazz* soy fan.
Si Dios no está, está la maestra.

Alegre melancolía

Un canto de estelas sonrientes de tanto dolor,
un llanto exasperado y de perpetua placidez.
Y danzan los ríos en la inconfundible cadencia de la triste naturaleza
y juegan los marginados con las olas vírgenes e inermes,
mas el viento no es suficiente para hacer volar el pensamiento
y es inicua la vida y execrables el presente y el porvenir…
Es el devenir de lágrimas aposadas en las almas ayer sonrientes
y cada desdén encadena y cava la fría tumba del destino, ya cierto,
como los minotauros amistosos en lo exótico de una interfecta
Australia.
Así muere el verdor de la mezquina esperanza
ante los ojos de los que no ven más allá de la abundancia.
Y la verdad es tan fría como impenetrable en este mundo
y son un peligro las ideologías de los famélicos.
Es hambre la herencia, arma que hace de un mísero pan un
nuevo sufragio,
una nueva estocada hacia el olvido, un camino al mausoleo
indiferente
a los ojos opacos, ungidos con el aserrín de la ignorancia.
Los litigios son cosas del pasado, la revolución es lucha desigual
y no tiene lugar la unión, pues divididos ya son subyugados.
No hay clases; todos esclavos de algo o alguien,
unos de los otros y los otros de la búsqueda de la felicidad donde
no existe.
Y los alcahuetes y cuartos sufren los dos achaques y caen en el vacío
y la historia y justa justicia los vuelcan en el zafacón,

mas duele ser peón de quien siempre te vio como nada,
del que pregona la dignidad, mas prostituye sigilosamente a sus
hijas,
instruye a sus hijos para ser respetados y no para respetar
y cada día muestra cuán importante es su perro.
Y la decencia, de la que tanto se habla, cayó menos pesada en la
balanza de la indigencia…

Y son llamados prójimos cuando humillan a sus semejantes
y carcomen los frutos del adeudo, mas no les atañe.
Quizás estos versos les causen contrición, ¿quién sabe?
Quizás su destino no es la putrefacción en la que se convirtieron
junto con su terno,
su realidad desde que olvidaron que los árboles producen agua,
brisa fresca y alimentos;
todo lo necesario para vivir, para hacer una entelequia de su
asqueada vida.
Y los tenores bíblicos son ajustados, soslayando su esencia, el
amor…
Es insigne un coleccionista de autos más que uno de obras li-
terarias,
de letras que, como a lo mejor sea vuestro caso, caen en la nada
y nada queda en la conciencia vuestra, los privilegiados en tenerla.
Las arenas de los ríos son palacios de oro y caoba
y el ministerio apresó a un quejumbroso por sacar unos capachos,
por llevar en un asno un poco para adornar su piso de tierra,
pues le ha hecho agujeros de tanto comérsela junto con sus hijos
y no tiene derecho al seguro social porque el progreso no llega
hasta su arista,

mas si llegan las urnas y los suntuosos coches culpables de la miseria inacabable…
Y de aquel que dejó caer una migaja hay una foto en el centro de las salas,
una imagen a la que a diario se pasa una tela suave por el polvo también reflejado en los labios.
Y una niña llora de tantos abusos.
Y una madre muere de pena.
Y un hermano delinque, pues no tiene salida.
Y una escuela cae entre los muros de la ignorancia.
Y un padre, como Arnulfo, se revuelca en la tumba.
Y los clérigos no saben cómo explicar la fe.
Y las oratorias van a los salones de belleza; luego, a los de actos.
Y el canto nacional no es cantado con orgullo.
Y el maestro parece culpable de la educación precaria.
Y la lluvia es maldecida por su ausencia, mas es aplaudido el que mandó cortar su fuente.
Y es solo el alba la puesta del sol y sus rayos calcinan las madrugadas.
Y la tierra grita de rabia en volcanes.
Y Octavio en su tumba perdió la paz.
Y el Sansón rinde cuentas de lo inexplicable
y es un dios ignominioso, no como aquel que anduvo en transporte de cuatro patas.
El de hoy tiene un púlpito móvil y alfombras rojas.
Y se habla de un mundo mejor inventando armas nucleares.
Y el petróleo es antónimo de fraternidad.
Y la gloria se busca entre el purgatorio que se cimienta.
Y se erige un cielo de fuego infernal entre plagas.

Y murió junto con las sombras lo tierno.
Y las lágrimas acabaron en la cárcava de lo banal
como a lo mejor queden estas,
mis alegres melancolías…

Amó la espera

Sumergido en el amor, su esperanza crece
y las ansias de un suspiro son tantas como las de sus besos.
Y es flor de otoño en espera de un equinoccio,
llantos de un huracán frente al mar, su novia,
entre los quejidos petulantes y la pasión hecha nubes.
Así amó lo inexplicable, como la flor al rocío primaveral.
Las endosas sístoles lo hacían morder el cristal del desprecio,
mas las diástoles le devolvían la esperanza de ser amado,
de ser protagonista en la grotesca obra de villanos.
Perdido en su ser, perdió el ser de lo que quiso ser.
Cada suspiro la aleja de lo indecible,
de una voz amordazada de eco pusilánime.
Y las gotas de lluvia apuñalaban la esencia.
Y las flores perpetuaban la muerte del amor.
Y, junto al intento de huir, el temor de perderla,
las noches tan impredecibles como su amor por ella
y, en la espera, el martirio acaba en nada.
Y la espera fue como el fuego de la gloria,
como el infierno cuando se pierde la fe,
la fe soñolienta entre ella y sus pensamientos.
Y la espera es esperar lo esperado con esperanzas
y la pasión y los desmesurados deseos mudos…

El jíbaro

En un fértil valle, al pie de la montaña grande
que el hombre marchita y pronto arde,
sigue costando, como antes, lágrimas de sangre.
El pulmón golpea de su madre.
¿Qué tan hombres son! Cobardes…

Aquí estamos, en el medio y más allá.
Aquí estamos, muriendo. ¿Y qué más da!
Aquí no hay frutos tiernos, ya no hay más.
Aquí el invierno es infierno. ¿Quién sabrá!
Aquí el cruel olvido a galopes va.

¿Será posible comer las piñas salpicadas de miel!
¡Y las hortalizas que más al oriente se ven!
Y uno y otro parque, alimento de caudalosos ríos.
Y uno y otro pico, casi similares, iguales, fríos.
Y latitudes cobijadas de valles, ¡qué bien se ven!
Intramontana belleza. ¿Qué importa a quién!

Jíbaro, el jíbaro que ama la tierra,
hombre de campo, hombre de entrega,
de amistad franca, manos certeras.
Son mis palabras las más sinceras.
Jíbaro y flor de la cordillera…

Hombre sereno entre tantas fieras,
hombre robusto, alma de ceda;
de un corazón que se vuelve piedra
cuando destruyen su madre sierra…

Razones tengo y ahora le explico.

Las ricas uvas de hacer el vino
y los tubérculos de aquí vienen
y los cantones de arroz y trigo,
rojas batatas y más leherenes,
rojos frijoles en las sartenes…

Plátano verde, dulce banano,
café y cacao en el otro lado,
fresco tabaco, tanto fumado,
presas y embalses con peces criados…

En el profundo meridional
dos sierras forman un triste lago.
Aquellos suelos ricos de sal,
dulces lagunas le están rodeando…

Quiero seguir contando mis penas
y veo iguanas en el camino
y hago parada a esta historia negra.
Un eslabón el hombre ha perdido,
agrias batallas las de Enriquillo…

En la península un cabo Cabrón,
en el mismo golfo de las flechas.
Discuten unos mi destino en un salón
como los monarcas de aquellas fechas…

En Potosí no queda nada,
su gran riqueza los hizo esclavos.
Plata que igual los llevó a la nada
y ríos que mueren allá en los gajos.
Diría don Juan: «El enemigo malo».

Y seguiré hablando, señores;
eterno dolor en mi alma se encierra.
Queda una herida, ya no hay temores.
Y a los que vienen ¿qué les espera!

Los finos trajes no son los hombres
ni los habanos de buen tabaco.
En las historias no están los nombres
de los valientes que mueren flacos…

La explotación produce riquezas;
unos vasallos, otros villanos.
Abrir los ojos con más pobreza;
al fin cerrarlos, todo fue en vano…

Y fue la fe cambiada por oro
y esclavitud era el sacramento
y los discursos son ahora lloros.
¿Y diría quién que es en detrimento!

Jíbaro, el jíbaro que ama la tierra,
hombre de campo, hombre de entrega,
de amistad franca, manos certeras.
Son mis palabras las más sinceras.
Jíbaro y flor de la cordillera.

Palabras sueltas

I

Fuiste alegre bienvenida
como enero al año nuevo,
sin sombras de umbral, de fuego,
felicidad serena, ira,
aurora revuelta, vida,
Descollo de palabras,
como cultivo, mi sentir labra.
Mar lisonjero y mar de pena
y mar de trigo y rías de avena,
cachorro inquieto y el alma ladra.

II

Brotan las regadas emociones,
fluvial verdor se fragua,
hijos del aire, hijos del agua,
sonoras gotas, canciones,
feliz neonato, creaciones
y frágil prole tierna.
Estribor, tórax y piernas
y prole cuán robusta,
vital jugo, inocente fruta
y en las tinieblas… linternas.

III

Gritos de las montañas,
voces del viejo desierto,
aura y pino yerto
y dulces frutos, caña
y un caníbal bronco baña
la aridez de la apatía.
Noches largas, largos días
de aquella brisa costera
que desesperada espera
un porvenir de utopía.

IV

Y dormir al pie del monte
y respirar la frescura
y suspirar sin fisuras
yodados vientos del norte,
barloventos sin desmontes,
cantares de araucanas
con tambores de africanas.
Y mirar el sol poniente
dormirse junto al pariente
de tierras altas y llanas.

V

Niña, ojos de la esperanza,
inspiración de las viñas.
Y a las aves de rapiña
dadles un gesto de confianza.
La mano estrechad, si alcanza,
y amar a los indigentes
y ver de oriente a occidente
cuán bello es el porvenir.
Y antes de dañar, zurcir
las grietas del indecente.

VI

En el baúl de los sueños,
epístolas de un poeta
y la poetisa decreta
ser la dueña de su dueño
y amar al amor risueño,
extirpar la efervescencia,
como taita dar la esencia
y el cariño en cada letra.
Letras, raíces del poeta.
Y es poesía la descendencia.

VII

De los actos entremés,
de la obra alegoría
y de la poesía sombría
es reloj de vez en vez.
Los ojos del que no ve
y la boca de los mudos,
vestimenta del desnudo
y desnuda al inclemente
y le sonríe al doliente
como la bella hace al rudo.

VIII

Crueldad de amables rosas,
rosas sonrientes con espinas
de cantar triste, mirada fina,
piel adorable y cadillosa
y blancas flores escalabrosas.
Y son orquídeas o flor del sol.
Y duermen margaritas en su olor.
Y es bello ornato del campo muerto,
clavel discreto, mujer su cuerpo.
Las mariposas traen tu sabor.

IX

Eres la luna de aquel eclipse,
sombras de un sol helado,
oasis del desierto callado
y sierra de la planicie.
Lluvia, ¡te pido que me bautices!
Sueños de hadas, de claras noches.
Seguir al fin y serás el broche.
Tú, principio y fin, el alfa y omega
y lumbral gris de las tardes negras
y tanta escasez y tanto derroche.

X

No fue un terreno baldío.
Caen sobre la grama y nacen
y sobre este mal yacen
y son frondosos, frondosos críos,
agua tibia de los helados ríos.
Todo perenne como postraderas,
más presumida que parejera,
real como amor de madre
y falso como mal padre.
Nieves de piedras en las praderas.

XI

Y las palabras parieron versos
bajo la angustia de tantas penas.
Penas nubladas, tardes serenas
en un rebozo vacío de besos
y más bastardos, inicuo incesto.
Prenden las villas de los villanos
voces ocultas de los callados,
letras parientas de la dolencia,
letras perdidas en la paciencia
y gritos son del avasallado…

XII

En la antesala de este, mi hogar,
está desnuda el alma de un hombre
enamorado, no importa el nombre.
Nombre ternura, apodo amar.
Si por amar pudiera llorar,
en este hogar abriría las puertas.
Es el festín de las cartas muertas
y aquí la gloria y el purgatorio,
de la tristeza el velatorio,
mundo de locos, palabras sueltas...

Señora

De amar intenso, de cruel belleza.
Ojos, la luz de cualquier tiniebla.
Mirar su piel, sus labios de fresa.
De amor harían perder la cabeza.

Es luz umbrosa, fiera ternura,
calma salvaje, todo lo duda
y como piedra el alma dura.
Muero, señora, en vasta dulzura.

Cuerpo adornado de fino estilo,
cuerpo que altera cada sentido.
¿Usted, señora, no lo ha sentido?
Varía hasta el curso de los latidos.

Hablar de amor es insuficiente.
Escandalosa siempre es la gente.
¿Sabe, señora? Soy yo quien siente
el frío candente de un cuerpo ardiente.

Señora, déjeme ser su esclavo.
La noche blanca contenta llora.
Y sabrá usted, ha causado estragos.
Y basta ya, mi bella señora.

Turbulencia

No muy mal el mar tan quieto,
las olas no están despiertas.
Noche, embriaguez y asueto
y fiesta hasta poder, ¡fiesta!

Un tiburón barbulento,
una ballena violenta,
portavoces como el viento:
«Horrible es la turbulencia».

Muertos se quieren salvar,
mucho marea la marea,
la bravura de la mar,
olas al viento golpean.

Bestias marinas agrestes,
tiburones de asechar,
turbulencia como pestes,
no le permiten cazar.

Y momentos que atormentan
y aun así no tienen alma.
Atormentada tormenta
espera calmada calma.

Y sufren los pequeñitos,
pequeños sin esperanzas.
De esta salieron finitos
y mueren en sus andanzas.

Un *déjà vu*, la inocencia.
Nobles algunos humanos.
Ejercicio, la conciencia.
Los tiburones, malcriados.

Poder, mucho más poder,
más pequeños los pequeños,
los objetos del mal ver,
de los aberrantes sueños.

Del dolor parecen mensos,
el mar del capitalismo,
acuario de peces presos.
Bárbaros, ¡no es feudalismo!

Un mar de leyes de gomas,
tormentas manipuladas,
noche y día cambiaron horas,
mareas pueden ser comparadas.

Dios del bien, el Dios del cielo,
ten piedad de aquel que reza.
No hay ave que emprenda el vuelo,
la turbulencia es grotesca.

Un día de estos

La mirada es un castigo,
es la sonrisa el desvelo,
del amor pasión y celos.
Y al olvidar el olvido
se olvidan ratos vividos
de agua que al ser ilumine
y devoción donde incline
a las líneas de unas prosas.
Y es la dama más hermosa
del firmamento sublime.

No será muerte anunciada
y menos piedra ni flor.
Tantos poemas de amor,
azul, rayuela y espada
y canción desesperada
con María, Borges y Mario;
un mío cid, lobo estepario,
desolación y ternura
o elogio de la locura,
Ana Frank puesta en un diario.

Se fue dejándolo todo:
lágrimas, sonrisas negras,
las despedidas austeras
y el placer de oler el lodo

35

disfrutando al estar solo,
dando abrazos pasajeros,
siendo último y primero
y correr tras la virtud,
saber que te fuiste tú
regando besos sinceros.

Viento

Soplas fuerte en todo tiempo,
soplas fuerte, tozudo viento,
mueves todo, eres intenso.
¿Por qué no arrancas mis sentimientos?

Allá en el mar juegas con las olas,
hieres las aves si eres salvaje,
vuelas paraguas, sombreros, gorras,
un polvo abyecto inunda las calles.

Viento misántropo e imponente,
orondo, fuerte, ímprobo, indecente,
jamás tranquilo, siempre vehemente.
Y tu ignominia toca la gente.

Si tu intención es dejarte amar,
deja que te usen como el tamiz.
Eres perfecto para ventear:
guandú, frijol, arroz y maíz.

A esos molinos mueves con fuerza,
eres objeto de tantas ciencias,
sacas cantones de la pereza,
eres un dios para las creencias.

Ahora me encuentro al lado del banco,
pensando en ti porque no has llegado.
Estoy abstemio, te extraño tanto
hoy que mi cuerpo está más cansado.

Eres zaino, umbroso, terco,
cruel, suspicaz, tosco, yerto,
impreciso, muy experto,
sesgado como un jumento.

En las altas cordilleras,
ahí es donde más te siento.
¿Qué sería si no estuviera
mi amigo adorado, el viento!

Bajo las sombras del sol

Cómo ando muerto de tanto andar,
cómo me da el dolor de la risa,
cómo olvidé el arte de cantar
cuando mi mundo va más deprisa.

Sobre este cuerpo descansa el yugo,
languideciendo de tanto olvido.
No tiene sangre, no tiene flujo
y bajo sombras está sumido.

En un desierto, de sed muriendo,
un esqueleto es un servidor.
Él a sus sombras sale corriendo
y toma de su propio sudor.

El cuerpo apesta y más desecho
y la piel sufre tan chamuscada.
Agreste suelo, el triste lecho,
de la epidermis no queda nada.

¡Será la muerte el descanso eterno!
¡Será que el cielo es el paraíso!
¡Será que aquí no llega el invierno!
¡Será que yo soy el sacrificio!

Ningún bragado habría de seguir
ante estos rayos si tanto queman.
Soy tan mancebo para morir
y los insectos mi cuerpo cenan.

Solo quisiera que todo acabe.
¿Cuál es la gloria? Este es mi infierno.
Cada segundo más y más grave,
bajo las sombras del sol muriendo.

Aquella noche

Aquella noche distinta a otras,
aquella noche tierna y oscura.
Aquella noche, entre tantas copas,
comí del fruto de su dulzura.

Sus verdes ojos claros brillaban,
su roja boca prendida en llamas,
su cuerpo ardiente el mío quemaba,
su lacio pelo, laso que ataba…

Aquella noche, ¿cómo olvidarla?
Aquella noche callada y corta.
Aquella noche aún me hace amarla.
Noche de amor, un amor que brota.

Y en mis recuerdos solo está ella,
sutil aroma, y hoy me acaricia.
Y ella no está, no está la doncella.
¿Se iría su amor junto con la brisa?

Feliz destello el que vivimos,
mas siento cerca su piel, su roce
y la fragancia y sabor, ¡qué vino!,
y las vivencias de aquella noche.

Historias

Somos flores, no de ruinas,
luna fresca y un retoño,
besos y un mojado otoño
y cantos de esquina a esquina
sobre alfombras, sobre espinas.
Es menguante y sol opaco,
como espejo y aire abstracto,
es incierto y fue glorioso,
hielo, cruz, calor ansioso,
ternura en medio del odio,
antesala de episodios
y un cielo maravilloso.

Vengo silbando cantares
bajo el cielo perfumado
y de tanto, tanto he amado
y olvidé los días lunares,
el epicentro y los mares
en páginas y reencuentros,
en melodías de aposentos,
lisonja del condenado.
Y tras los hilos callados
lloré la frialdad del viento.

Ellos son prosas, versos fornidos,
son alma y cuerpo, luz y un oasis,
manantial de amor y praxis
y del futuro grandes amigos.
Desesperanza de los vencidos,
un terciopelo, un manto, una risa,
una mirada y voz de nodriza,
asueto y lucha en desventura.
La mortandad y la verdad cruda
están en camino y vienen con prisas.

Como un tren en desenfreno
has venido, no en la orilla.
¿Y cómo no ser astilla
si, al parecer, eres trueno?
No sé si es malo ni bueno
el ser gotas parecidas.
Sin ser lo mismo en la vida,
somos causa del desvelo.
Y si llegara yo al cielo
sería el guardián que te cuida.

Hacia las serranías de lo infinito,
en las puertas de la ternura,
y fe femenina augura
los abrazos exquisitos
y un poema nunca escrito.
Una farsa, una elegía,
un ángel, alas sombrías

y un retoño sobre piedras,
una flor crecida en hiedras
entre el llanto y la poesía.

Como las rosas en lo baldío,
bajo la fuerza de lo invisible,
pasa facturas a lo imposible
y rompe el fuego con besos fríos
mirando al cielo en medio del río.
Corres tras lo incierto, muy cierto,
corres tras el amor a veces muerto
y corres en desalentada esperanza.
Y, ya embriagada de verdad falsa,
te das en alma, tal vez no en cuerpo.

Y si la suerte volviera
a ponerte en mi camino
le lloraría al destino
para que nunca te fueras.
Y pelearía como fiera
si perdiera yo tus besos
y vendería yo mis huesos
si te marchas, vida mía.
Olvidar la vida mía
por ti nunca ha sido exceso.

Nació la leche y la miel
y unos ojos de aventura
y, amados entre locuras,

el hoy será flor de ayer.
contraste de amor sin piel
y un poeta de la sierra,
un enfermo de agua y tierra
y las voces de un pasado
y un porvenir expresado
sobre la amistad de piedra.

Dando el rostro, nunca el dorso,
como ángel, como estepa,
y en un muladar de sextas
delicado y generoso
si el postre amargo es sabroso.
Eres manto, mar en calma,
hijo de la paz, no del karma.
Y entre historias y poemas
y tormentosas faenas
nació la hermandad del alma.

Eres sombra de mis ojos,
túnel de luz y de existencia
y sufres sin indiferencia
mis llantos y mis enojos.
Si yo soy tu gran antojo,
gris garita y guarnición,
más que cuerpo, corazón,
melancolía, voz, ternura
y sobriedad, perpetua locura
en cada nota, en cada canción.

Donde el mar dejó sus restos salados,
el negro bailó son de trigal y Congo,
nació un suspiro calmado y hondo
y coincidencias, un mundo aliado.
Uno en el valle, otro al otro lado.
Y fue calor de la piel arisnegra,
noches largas, días de penas
y letanías de versos y rimas
y mucho hieren, poco lastiman
cuando el amor es noche serena.

Un mar, mar de emociones,
odisea de la verdad,
el cielo y sinceridad
y la paz vuelta canciones.
Creador de miles de creaciones,
almohada de los sueños
y telar, fuerza y empeño.
Y es tu vida una novela:
amor, familia, la escuela,
mentora y madre del dueño.

El viento se ha vuelto calma,
y la tempestad, clamor;
torpe e inefable olor
y no es inopia del alma.
Mas es la verdad sin faldas,
impecable, bella y triste,
dulce miel y mar salitre.

Y en el fondo la locura,
cuerpo, abrazos y amargura
y un sueño amado se viste.

Fuiste rosa de verano,
de un julio floral y tierno,
amor fresco del invierno
y primavera, no en vano.
Un mañana más temprano
y tus andanzas triviales
y tu melodía la clave,
noches de nanas sonoras
y vidas de carnavales.

Como tristeza nupcial
y lágrimas submarinas,
otoño al doblar la esquina
y avistar el santo grial.
Vil anciano enternecido,
coplas y sentir sentido
y ensenadas de poesías,
ardores, palabras, días,
lluvia, versos, no fastidio.

Inundamos las tardes con locuras,
comimos sueños abrumados,
como los besos al amor nos amamos,
como la noche a los versos de Neruda,
con carcajadas de verdad muda.

Cada palabra es una historia,
cada triunfo fue fe y gloria
y una novela, un mito, una rosa
y de un poeta rima y prosas
y la lealtad vestida de novia.

Enamorados de la noche,
del antaño versado y fiero,
como el otoño, como recuerdo,
más bragado que un novio fantoche,
como la cuaba al pino y al bosque.
Y las tertulias frutales crecían,
crecían sobre el café y morían
en estériles espaldas y alcahuetes.
Las oleadas tardes del desierto y sus pestes
marchitan y un mundo de rosas ansían.

A veces loca, a veces cuerda,
un poco escéptica y divertida,
es inocencia, ingenua y fina,
y con abrazos vivir recuerda,
mas como ángel es agua tierna,
voz de arcoíris, rosa de nieve
y mariposa con vuelo leve.
Canta en las nubes, canta las horas
y por las tardes es ruiseñora,
chistes y risas, paz al despliegue.

Desde la tierra hasta lo infinito,
desde las nieblas al claro ocaso.
Apego y besos, noches y abrazos
y luz, historias, lágrimas, hitos
bajo un sublime amor marchito.
Cómplices como las gotas al mar,
iguales… Igual que el viento al volar.
Él es poesía; ella, un aliento.
Un día fue hada en aquel cuento,
cuento perpetuo de breve andar.

Y fue flor, flor y alevín.
Y amores primaverales renacen,
como antesala de lo eterno yacen,
de terciopelo, agua y fortín
y clara luna, fiel querubín.
Primero gota, antes festín,
ahora la estrella, un cielo sin fin.
Punto final precioso y portento,
la luz vibrante, así el encuentro,
sin más tristeza, sin arlequín.

Sus ojos de breve danza,
de bravura y entereza,
y, sin ser la fácil presa,
es ave libre que canta
con locura y fiera mansa.
Un nido fiel de azucenas,
una alcoba y primavera,

cruz, vendaval y hermosura
en las malas noches buenas.

De flor a risueña cigoñina,
sotavento y primavera,
diminuta y lisonjera,
de trozos de amor y piña
y cánticos de campiñas.
Velero y mar y estelas
y arcoíris de verbenas,
jazmín, amapola y fresa,
castillos y una princesa,
ruda, menta y yerbabuena.

Y de la nada nació un abrazo
y algunas charlas en frío de enero
viajando valles, llanos costeros.
El mar inquieto trajo un remanso
y un cielo enorme de marzo a marzo.
Bruscas faenas, días, carcajadas,
sabores tristes, gotas de espadas,
largos recuerdos de mediodía,
de bromas, nanas y alguien diría:
«Me voy, me voy, volveré mañana».

Alguna vez un vagido;
otras tantas, agonía.
Y como alacena fría
las copas entre partidos,

como darle grama al chivo.
Nadie derramó más giste,
ni uno alegre ni dos tristes
ni la lerda contumelia,
y más azúcar que Celia
con el caviar o el alpiste.

Y de pronto fue laúd,
unas trovas y unas rimas,
tertulias de marquesinas
y una copa a la salud,
alma, fuego, agua y cruz,
auroras y travesías.
No es corvato que se cría
en tejados de avaricia,
bajo edredón de malicia
o sábanas de falsía.

Acaeció un milagro de solsticio,
un gélido génesis postotoñal
y, como cayenas en cigüeñal,
un bizarro llanto, un sano enquicio,
si bien ameno amor, sacrificio,
para de oruga ser mariposa.
Y de epitafio, versos y rosas
y noble musa, cuan triste sueño,
que baila al son de un ritmo trigueño
y vio nacer sonrisas de prosas.

Busco

Busco mis sombras y me asombran
como yegua parejera en pueblo al pisar.
Y mis sombras asombradas me buscan al pasar…

Y asedian mi destino al caminar
y azotan mi camino hacia el destino
y duermen en mi despierta mirada
y despiertan mi mirar en su dormir.

Despiadadas, queman el sol desértico.
Sombras, sol del desierto y queman.
Sombras que ocultan las sombras de mis sombras.
Sombras que persiguen a Atahualpa en Cuzco.
Sombras, oscuras tinieblas, noches y busco.

Sueños que son espejos como sombras de mediodía,
sueños que espantan y quitan el sueño,
sueños acicalados, ostentosos, ornamentados
y exuberantes sueños buscan las sombras de su melodía.
Melodía de un sueño brusco, sueños en las sombras busco.

Carretera

Ayer fuiste montes, gajos, praderas o montañas vírgenes.
El tiempo y sus morfosis te han procreado con desmontes,
Homo sapiens contemporáneos te pisan en suntuosos coches,
tu benevolente filantropía une marcas, ducados y condados.

Eres tropósfera ornamentada con minerales y negro oro.
Eres esponja, guía, celestina y sepulcro pusilánime.
Eres extensa, permanente, de todos, de ninguno…

Sin dictamino soportas tropel, neumáticos, piel y calzados;
no descansas y no te quejas, te desgastas y no te alejas.
Sola, triste, oscura, aislada y despoblada a veces…

Robusta y mustia, fielmente esperas el pasar de sus camaradas.
Presente en la lozanía y en las noches amargas,
indeleble sendero humanizado por los hombres.

Avejentas, más no mueres; quizás cambias de nombre.
Sonrió aquel río en la anochecida noche y sigues ahí.
Importas, mas a nadie importas y sumisa te comportas.
Eres viento, eres hiedra, quejumbrosa, sutil piedra,
mueres vivamente y vives sobre tu féretro ardiente.
¡Oh, carretera! Luz de los perdidos, vereda fiel e incandescente…
¡Oh, carretera! Que te despejas y así, en un desdén te alejas…

Celestial fiesta

Hacia el cielo va un centauro con alas blancas
a una fiesta de trompetas y ángeles que cantan.
Llega ante Dios en una nube a sus anchas
y trigueña sirena sonriente en sus ancas.

Centauro ha llegado al cielo incesante
y parquea en la puerta su nave flotante
y escucha una voz anciana y vibrante:
«Vuelves a la tierra por un elefante».

«¿Esta blanca nube lo podrá traer?
¡Señor, es pesado; nadie como él!».
«Vuelve a tus andares, debes más creer.
El padre es tu padre y no has de temer»

De vuelta a la esfera, la negra tigresa
de rayas intimidantes y abundantes,
un pastor cachorro de Alemania reza.
El celestial transporte parece arrogante.

Los pequeños sienten la voz de auxilio
como ratas atrapadas en las bodegas.
Elefante se presenta, va a su domicilio,
en coche fantástico hasta el cielo llega.

El cielo en suspenso por el pesado ser
y le abren la puerta y cruza el fulano
y mayor asombro causó el carrusel.
Pesado en la tierra, aquí el más liviano.

Y echó algunos viajes cargando invitados
y tuvo unos días, días bastos desvelos,
y los más feroces, más civilizados.
Y al fin un descanso con siestas de enero
y un relincho: abril de fiesta en el cielo.

Confesiones

Es la vereda oscura de antaño,
el tiempo se hizo eco y extraño
y fue enmiendo de acero, no de estaño.
El árbol no es la noche oscura, serán los años.

Fue el inicio de lo eterno,
la guerra venció la paz,
fue una pradera, un invierno,
noche de junio fugaz.

El arcoíris perdió su color,
la lluvia es ácida e infecciosa
cuando los besos causan dolor
y el gavilán ha volado en prosa.

Los arrecifes lloraron fuego,
la noche ardía como un bloque de hielo,
bajo la tierra lloraba el cielo
y el sueño eterno se hizo desvelo.

Besos cálidos de un sol para su luna,
abrigo de amor entre el mar y lo celeste,
un papel mojado, poeta sin pluma,
candidez de nubes, húmedo en lo agreste.

Me enamoré de unos ojos tiernos,
de la sonrisa de piel de ocaso,
sentí la gloria viendo el infierno
y celebré mi mayor fracaso.

La descabellada nieve ha tomado el pelo
y puedo ver más allá, no con los ojos,
y en medio del averno he visto el cielo.
En espera del día gris ya nada es todo.

Morir de alegría perenne
y el oxígeno asfixiaba
y, sin ser muerte solemne,
faltó todo, menos nada.

Las mañanas eran oscuras y las tardes sin viento,
los árboles mojaban el gris de un hielo seco
y entre las profecías murió la fe del templo.
Templo y pecado inmune de un sonido sin eco.

Y respirar en suelo de peces,
morir de amor en medio del odio,
ir a cobrar y pagar con creces,
con tanta sal de yodo y sin sodio.

Entre la frescura de un mayo avejentado
y las sombras de una verdad que nunca miente,
la candidez de la mañana ha engendrado
la paz del alma, el cuerpo y la mente.

Cuando el resplandor burlaba la esencia,
la ternura rosa se vistió de gotas
y desesperada llegó la paciencia,
entrando triunfante por la puerta angosta.

Unos ojos orientaron el camino
entre longevos años como el cantor,
penas de blanco y negro fueron color
y el calor de la noche lo hizo el destino.

Y el verano plantó su esencia sobre ti
como el Yukón en invierno de Ecuador,
siendo mar y espina, templo de la flor,
sonrisa divina, decir no es un sí.

Unos ojos tiernos como la guerra en postrimería,
la piel del desierto se ha vuelto seda,
es tan corto el pelo, mas mi voz enreda,
besos ardientes y pupilas frías…

Divinidades

¡Oh, pelos de punta mirando al cielo!
¡Oh, instigación virtuosa, manto de la gran esfera!
Santuario de los soles paralelos y ninfómanos
y en sus lindes los túneles de la imprudencia
a la cabeza del antro del pecado,
de la vida, de los tabiques más torvos,
los que asienten el paso a la víbora del morbo.
¡Oh, averno del placer! No penes a los súbditos.
Al dorso la estepa más decorosa y desguarnecida.
Al regreso las arqueas y las lomas, matronas del árido río.
Y se alimentan las rosas y las espinas más crueles
y dormitan allí hasta morir en las adorables colinas.
¡Oh, ten piedad de mis manos pecaminosas al franquear el valle
fecundo!
Tanto como los llanos amazónicos o las praderas caucásicas a la
vuelta.
A la vuelta las cuestas tibetanas
y al precipicio las fosas Marianas… y es mejor despertar…
Los sentidos se pierden en las cavernas de la divinidad,
hogar de la promiscuidad, la frugalidad y la prole o los extintos
efímeros.
Y los andenes del Génesis y el Gólgota cubierto de alunada
mesura,
candor perdido, mas los serafines y arcángeles sueñan en ese Edén.
Así en lo absorbo se recorre el mundo caníbal.
Y si es delito de inquisición, la muerte es vida abundante

y las indulgencias del cuerpo se remuneran con libertinaje
y no me tientes los suspiros, pues eres Amazonas de esta atmósfera.
Y el cielo sonrió como quinceañera y el mar bailaba las melodías
de la imaginación,
de la devoción por lo cósmico, por el *déjà vu* en el planeta de
mis sueños…

Naturalmente

I

Te coquetea un verde femenino,
te coquetea una esperanza perdida y estéril
y animales de duros pellejos parecen robustecer el espinazo
y otras aves acongojan el llanto en sus hogares rascacielos.
Y los cachones y chorreras y aguas regadas se vierten…
Se vierten como excremento inútil… a veces.
A veces madres casi amachorradas ansían su desprecio.
Sus desprecios sacian las hambrientas grietas
como a la mañana el sol.
Así llega la lozanía, con furtiva modestia, y
como ave fénix la muerte da vida.

II

Y unas ígneas celebran la escasez y la enlentecen
y son escondites y babuchas suntuosas.
Babuchas de tejamaní, yaguas y canas le colindan a la opaca mirada
y un techo brilla las abundantes estalactitas.
Una felicidad lúgubre, en lo implacable del tiempo,
como la no tan cristalina se detiene y los trámites de reparto
y obedece a los amos, como a una camisa de fuerza un niño.
Y se han detenido las fiestas de estalagmitas,
arbustos y discretos cangrejos.
Y el retorno es lo inesperado, un nicho…
Un féretro multiplicador de vidas sin almas ni vidas.

Mi dolor

Entra sin pedir permiso
como a la casa un ladrón,
me vuelve loco y occiso
y es pertinaz mi dolor...

No como el de Jesucristo,
pero si llega no cesa.
Fatigoso como abrupto,
entristecedor de fiestas.

Fiel al indefenso y suave,
frecuenta con sus visitas,
lacera con el mensaje:
«Porque no vas no te vistas».

Y genera mi osadía
y hace de mis noches negras
y da el color cada día
a mi paso por la tierra.

Llora y mantén el valor,
se hará presente en tu gruta.
Bragado ante este señor
la vida más se disfruta.

De intruso en mis pensamientos
es esbelta su vil daga,
pero con poquito aliento
seguiría esta vida hastiada.

Y ataca ferozmente
y abstemio aquí lo recibo
y el trajín de los valientes
mantiene este mártir vivo.

No olvides

La perfección jamás es perfecta,
la primavera al verano sigue,
una tras otra irán las fiestas,
mas el momento de amar… no olvides.

Que estés presente es imprescindible,
un buen abrazo cura una herida,
un buen amigo hace lo imposible,
incluso arriesga su corta vida.

Tantos noviazgos son pasajeros;
unos parecen ser verdaderos,
los otros brindan momentos buenos.
Quizás resulte un solo sincero.

Lucha es el precio de la victoria,
solo el que cava encuentra la noria,
tomar su agua es palpar la gloria,
para quien triunfa son las memorias.

Con más caudal menos suena el río,
el fanfarrón sufre de impericia,
aunque el sol salga el invierno es frío,
tener poder no es hacer justicia.

Pura traición producto del miedo,
probar la miel resulta exquisito.
Solo soportan grandes guerreros
tomarla al borde del precipicio.

No olvides nunca que hijo fuiste,
no olvides que un día padre serás,
recibes parte de lo que diste,
es una hamaca y viene y va.

El mundo no para en su trajín,
los tuyos tienen un gran valor,
a lo mejor morir es el fin,
pero vivir un acto es de amor.

Me dejé llevar

El amor que me pediste
fue un amor mojado y triste.
Tristeza de amor, te fuiste.
¡O será que no estuviste!

El amanecer un anciano en retiro,
la noche cabizbaja y cansada,
el sueño desveló al valiente rendido,
en las tardes tibias playas acostadas.

Al callar grita la hoguera,
los de adentro ya están fuera.
Ya no fue, pedí que fuera,
alas cortadas por hiedras.

Una aureola de sufrimiento,
vil realidad, un real lamento,
piedra impregnada en lo adentro,
morir de lujuria en féretros de viento.

Del cactus nació la flor
y la flor se hizo cenizas,
cenizas fueron verdor,
verdor del miedo en sonrisas.

Tiempo después

Cuando los tiempos avejentaban,
así la angustia crecía y crecía
y los recuerdos solo golpeaban
y el corazón casi no latía.

Un cigarrillo no es suficiente,
tomar un trago ya poco importa,
todo se fue en el caudal creciente.
Ensimismado, un balde ahorca.

No habrá nodrizas ni voz de cuna,
cada sonrisa es hipocresía,
murieron tantas, sobran algunas
y dentro corren plaquetas frías…

No existe té en las conversaciones,
no existen besos de buenas noches,
no existen tardes, juegos, reuniones,
ya no hay mirada, ojos de reproche…

Tiempo después lo cierto es incierto,
tiempo después la noche es inerte,
tiempo después el mar es desierto,
tiempo después aún no creo perderte.

No se rocían las rosas del frente,
brilla la ausencia de mariposas,
ojos perdidos y tanta gente
y no tocar tus hebras copiosas.

Tiempo después es obscuro abismo,
tiempo después sanción es el tiempo,
tiempo después la quietud es sismo,
tiempo después no es después de un tiempo…

Tus besos

Labios, ¡qué labios ardientes!
Al verme, locos se agitan.
Locos y hasta impertinentes
cuando por los míos se irritan.

De tu boca quiero más
de una preciosa sonrisa,
de ese cuerpo tan tenaz
donde el agua se desliza.

Ámame ahora como nunca,
bésame sin más temores.
Están mis pelos de punta
descubriendo esos sabores…

Amor, sabor y dolor
y la loca y hermosa boca.
Yo, que vivo en tu calor
y muero cuando me tocas.

Almohada de mis sueños,
rezaría para tenerte,
una dicha es ser tu dueño,
deleita a los ojos verte.

Sin hacer nada lo has hecho,
has vuelto el cielo mi techo,
quedó el pasado deshecho
y el mundo lecho maltrecho.

Y alientan las horas
y color dan a los días,
la dulce sonrisa llora,
besos de la vida mía.

Y al seguir con la novela,
y es imposible parar,
protagonista en la escena
con un fin llamado amar.

Cuando acabe la paciencia
te convierten en ladrón,
entran sin tocar la puerta,
roban, roban corazón.

Así al ocaso, sin nada,
soy un preso de tus besos.
Tú serás, serás la amada
y yo tu esclavo por estos.

Mañana

Tú, que feliz llegas cada día.
Un tibio sol fuerte te acaricia.
Eres tristeza, eres alegría,
vas donde todos, eso es justicia.

Hija de la noche que serena duerme,
templada, sola, oscura y callada.
Y llegas tú y el trabajo vuelve
y ese trajín enciende tus alas…

Mañana tú, que traes el rocío;
mañana tú como fértil suelo;
mañana tú, que vas por los ríos
haciendo a todos mirar al cielo.

Fuiste pasión que inspiró a Neruda,
amor de aquel que labra la tierra,
eres poder que oculta la luna,
eres tú vida en la árida sierra.

Algunos brindan con un café,
fresca presencia para almas sanas,
una oración que clama con fe
en lo sublime que traes, ¡mañana!

Ternuras de primavera

Hoy sonarán los tambores,
hoy besará el alma al viento,
hoy han vuelto los albores,
señales de Dios y el tiempo.

Y nacieron las vocales
como nació la verdad
y lágrimas fantasmales.
Amar y no pedir más.

En la pluma de este vate,
en el esternón la vida,
entre las labores nace
lo eterno sin voz de huida.

Entre un monte y otro monte,
entre lujos y pobreza,
lo mismo en el sur y el norte,
la honestidad es proeza.

Y conoceréis el amor desterrado,
tibio manto y frescura arraigada,
inmerecido verdor estrellado
de vida y rayos, de nieve y nada.

Claro de luna y de romances,
noches de sol y días de estrellas.
Y serán diamantes los instantes,
los ojos melifluos bajo la chubasca.

Flor primaveral en invierno,
ámbar del océano vivo,
refugio de paz y beso tierno,
aroma y sabor y tan rico vino.

Musa de la epifanía,
alegoría entresoñada,
merecedor de alegría
más allá de la almohada.

Y dormía furtiva en el asombro
y despertaba en el presente.
Nada de maldad bajo sus hombros
y amada en el alma del pretendiente.

Soy la flor en el desierto,
soy el agua que la riega,
religiosa de convento
y en el cristal seré piedra.

Me encuentras en el otoño
con verdor y olor a miel
y en el oscuro retoño
morirás sobre mi piel.

Si los besos son espinas
y las caricias tropel,
eres esclavo y atinas
tu féretro en un clavel.

El holocausto es dejar de amarte,
el fin del mundo es tu despedida.
Si no es pecado adorar tu arte,
¿por qué ha de ser decirte «mi vida»?

No es quimera, es dulce sueño,
es dueña de una diadema,
dormita en besos risueños,
adorarla es la condena.

Y con sonrisa de infancia
y pómulos de aventura,
tierna y discreta fragancia,
templo de paz en la amargura.

Emociones al son del viento,
lunar ciclo y una flor
y un sosegado y ardiente aliento,
piedra, seda, vino y sol.

Diamantes en las sienes,
dulzura y melanina,
un mártir en el Cirene,
templo, oasis y minas.

Y de pronto era sendero,
era nieve y un eclipse
y oscuridad y un sol fiero
como miel en el salitre.

El ayer, un furtivo recuerdo.
El mañana sopló vida y unos pasos.
Pasó el verano y no arruinó el invierno.
El sol de la noche fue otrora sin rostro.

Como parloteo al atardecer,
como gaviotas a media mañana,
amalgama, sol, niña, mujer,
musa, rosa y grama.

Y si nos aunamos como piedra
y nadamos en la locura de los besos,
caminaremos el paso de cebra
con la noema de hacernos presos.

Elegía, albur y trova,
una copa y un mozuelo,
melómanos en la alcoba,
clarines volando al cielo.

Cantares

I

Eres flor, brisa tierna del esbelto mar.
Hablas cuando callas lo que dices al callar.
Tu humilde sonrisa sonríe al mirar.
El amor de amores ama al amar.

Luna, con estrellas te vuelves carnaval,
una fiesta en tus pupilas se ensancha,
un sol apaga las huellas de todo mal,
despliegue de belleza andando a sus anchas.

La luna volteó a tus hombros,
la noche sonrió en lo ardiente,
un amor nacido, nacido en asombros
como flor de mayo, aroma candente.

Y en el calvario de esta triste vida
rezas el canto de tu alegre manto.
Y si tal parece esta fe rendida,
cantas con el rezo de tu honrado llanto.

Y en la profunda superficie de tus pechos
das vida a la vida, fruto de tu gracia.
Y en la noche tus ojos como oscuro lecho
y fiera te vuelves frente a la desgracia.

II

Entre montañas nació el amor,
amor hoy brota, amor ostento.
Ostenta el cuerpo aquel frío calor,
calor fluido, hielo por dentro.

Y fui cantor de esa medianoche,
príncipe azul en aquel castillo,
cabalgador de portentosos coches,
el gran sultán de tu harén perdido.

Y fui una gota triste ante un espejo
y en esas noches fui tu desvelo
y así blasonas con tus reflejos,
reflejos muchos del cielo al suelo.

Una luz apaga mis sombras,
un clamor sin temor al miedo,
vil despedida en rojas alfombras.
Así murió mi último te quiero.

Nubes derramadas sobre áridas pupilas,
lluvias con el llanto y el desamor,
como caletas van las axilas,
ayer muy fresco, hoy resplandor.

Bajo mi cuello un suspiro fugaz,
bajo el suspiro la frondosa sonrisa,
mirada oscura de clara paz,
el tiempo es lento, amar es prisa.

III

Un amor cuya astucia abruma,
un recuerdo con ansias duerme,
una sonrisa se fue en espumas,
espumas falsas, amor que muerde.

La fe perdida en la lenta prisa
y aquel martirio del aire duro
y vive el llanto entre tantas risas
de un corazón más débil que impuro.

Lágrimas suicidas de penas,
sol entristecido de frialdad,
frialdad oculta, oculta en las venas,
venas sufriendo la tempestad.

Una piel pagana, tentadora a tiempo,
no hay síndone santo negado a envolverla.
Belleza inhumana atrae todo lienzo,
belleza, detalles a granel al verla.

El tiempo es tóxico, pues no estás,
mas sin tenerte dejas la ausencia.
Nunca estuviste, pero te vas,
te vas dejando tu amada esencia.

La gloria no llega; ha estado en su cuerpo,
es santo pecado de los ojos tiernos,
una pasión lenta, carnal deseo cierto.
Tocarla es placer; mirarla, el infierno.

IV

Camino tras de ti, cansado, hacia el oriente;
camino con atortugados pasos de asombro.
Y tú, la hermosa; tú, flor sonriente
de amor tramposo sobre mis hombros.

El pelo al escote sobre la negra penda,
ojos candentes, piel y alma mulata
y labios carnosos son de Dios la ofrenda,
ofrenda del tiempo, dulce amor que mata.

Atléticas piernas de cañas caribeñas
y cubiertos pechos, tentación del amante,
y manos amenas de un placer, tal sueño,
y cinturas tercas, un son fascinante…

Cerca de mí tus posaderas sin mala intención,
querer pretenderlas es pecado intenso.
Palabras e historias, un cuento y canción,
floridas sonrisas, ser amado intento.

Ella es la reina de un monarca destronado,
destronado por su belleza inmaculada.
Y este es el juego, lo más deseado,
y es la señora con casi nada.

V

Unos besos torrentes inundaron la árida alma,
fue la lluvia un ciclón de caricias
y muere este mar, la marea está en calma
y duele el desvelo, tal sequía ahora asfixia.

Me enseñaste y solo soy un recuerdo,
un pasado, un sueño llamado tú,
un loco presumiendo estar cuerdo
y ya no es más, largo día sin luz.

Y cada huella es una secuela,
secuelas de una infantil imaginación.
Y no imaginaba creación tan bella,
bella eres tú, mi voz, mi canción.

Los sonajeros y tambores al paladar auditivo,
los fogones calientan los calderos atletas,
los bailes cantan un baile chivo,
yo aquí cambiado, tú eres mi fiesta.

Es seda tu amado pedregal,
manos piadosas son los desprecios,
yo bicicleta, tú eres pedal,
no cuestan nada los altos precios.

VI

Allá donde las oleadas se vuelven locas,
allá en lo inmenso de un cielo terrenal,
allá sonrió el desnudo con ropas,
allá el disfraz, falso carnaval…

Alegría, lo más parecido a la desgracia,
como las cordilleras ya no tan vírgenes.
Tristezas de sonrisas parecen dar gracias
como grilletes por oro a los aborígenes…

Y no llega el fin de nuestra novela,
los alienígenos esperan bombos y platillos
como las olas formando estelas
en un océano mustio y aturdido.

Y el féretro ríe como árbol en otoño
y el gran caudal cede las piedras al sol
y enorme regalo es un mezquino retoño
y tanta sequía, una llovizna, nada mejor.

VII

Historia de mis historias, Hades o gloria.
Éxtasis de mis éxtasis, sepelio o fiesta.
Salida de mi éxodo, volcán o noria.
Temor de mis temores, desvelo o siesta.

Mal, mal necesario, amado dolor.
Cielo, cielo terrestre, esperanza agreste,
libro temerario, páginas sin color,
trémulas pestes, verdes celestes.

Falsedad en los tiempos de verdades,
frío del verano ecuatorial,
como mujer, distintas edades,
serenidad, la tierra al temblar.

Ventana trasera de la pecaminosa iglesia,
cactus en el bosque llano y húmedo,
iglús de canguros, serpientes, tigresas,
cúbito de un brazo, un brazo sin húmero.

VIII

Las alas marcaron su norte en el sur,
las voces escucharon un silencio alborotado,
el fuego ha helado lo rojo hasta hacerlo azul,
las flores llorando y el puñal sangrado.

Un estropeado confín sin fin,
un vacío vertió hasta llenar el alba,
un mundo incierto, un toro con crin.
¿Pueden los cerdos almorzar palmas?

En las puertas armas sueltas,
al salir volvió de vuelta,
vivir la muerte resuelta,
respirar la vida muerta.

La muerte es aurora fiel;
la noche, más clara que verdadera.
Gotas de amor y el sueño es miel,
calle callada y dulce vereda.

IX

Como dormían las golondrinas,
amor de farsa madrina,
al doblar perdió la esquina,
al perderse en la cantina.

Melancolía acompañada,
guitarra al son de maracas,
piel de dulzura empañada
y maldad, lluvias borrascas.

Amanecer de Neptuno en Marte,
gazebo en el mausoleo de un mar,
héroe de piedra, muerto en el baluarte,
pasión de los fieles, tardes sin charlar.

Hojas del invierno pidiendo un verano
y flores polares de un sol y de un rayo,
arbustos sin sombras, verdor profanado.
Hizo falta el mar a costas y cayos.
Versos de un poeta hundido en preseas,
voces de la madre y un hijo furtivo,
lágrimas y seda, llanto y panacea
y en el sacramento no fue santo ungido.

X

Frente a la casa de Dios
vida, gloria y el pecado.
Y si aquel mártir murió
viven sus deseos cantados.

Un bucanero de cartas,
el bar, la estatua, la flor,
muchas vías y ojos de ratas,
la caoba tienta al cantor.

Y la amada se ha perdido
entre el mundo y la memoria
como se perdió el olvido,
la historia que no fue historia.

84

Y entre gritos exclamados
y el Cristo gritando amor,
voló el paraguas mojado
de lágrimas y un clamor.

Y en el Gólgota ha pasado,
el velo desveló al padre,
como el cóndor ha cantado
al amor de sus cantares…

Agradecimientos

A todos los partícipes de este camino llamado vida; a los que aún puedo abrazar, a los que están, pero no podemos estrechar las manos; a los que han inspirado cada verso y a los que se fueron, mas siguen palpitando en los pensamientos de un poeta que no deja de extrañarlos. Extiendo mi invitación a cada lector a ir por la vida y ser feliz.

«Los grandes problemas socioculturales son el resultado del exceso de simpatía y la carencia de empatía conque vivimos los humanos, a veces no tan humanos».

Francisco González Corporán nació bajo un cielo de tambores el 3 de diciembre de 1991 en el cálido municipio de San Juan de la Maguana, ubicado en el sur occidental de la República Dominicana. Es el segundo retoño de Catalina Corporán, mas debe sus apellidos a Juan González y Segunda Agustina Corporán, con quienes convivió hasta los catorce años, cuando se independizó a causa del deceso de su madre adoptiva.

Sus primeros años transcurrieron entre la escuela, el béisbol, el baloncesto y ocupaciones como la herrería y la agricultura, esta última aprendida de su padre. Vivió en el municipio de Juan de Herrera toda su niñez y adolescencia. En 2010 se graduó en bachiller, pero no fue hasta septiembre de 2014 cuando ingresó en el Instituto Superior de Formación Docente Salomé Ureña, Recinto Urania Montás, a estudiar una licenciatura en Educación Física. En ese trajín descubrió su aptitud para las letras casi accidentalmente. Meses más tarde se hizo novio de por vida de la poesía y se matriculó en la licenciatura en Educación Básica Segundo Ciclo, Lengua Española y Ciencias Sociales.

Sus cuatro años de estudios en el grado fueron fiestas de poemas, carnavales y competencias deportivas y académicas. Este desempeño lo hizo merecedor de una participación en un programa de movilidad estudiantil en 2016 en Bogotá, Colombia. Graduado *summa cum laude* en 2018, lo que dio paso a un nuevo capítulo de su relación con su *alma mater*, donde laboró durante once meses como promotor mientras agigantaba su producción literaria y optaba por la beca que lo llevaría a España en 2019 para cursar un máster en Estudios Avanzados de la Lengua, la Comunicación y sus Patologías en la Universidad de La Coruña. Allí se trilló el camino para ofrecer sus *Añoranzas otoñales*. No se limita a ser maestro, poeta, apasionado del amor y creer en el poder transformador de la educación, sino también en los *«sueños que quitan el sueño»*.

www.ingramcontent.com/pod-product-compliance
Lightning Source LLC
LaVergne TN
LVHW041735190726

843493LV00008B/2363